Hallo liebe Tontopffans!

Eigentlich wollten wir gar kein Tontopf-Buch machen. Es gibt ja inzwischen schon so viele. Irgendwann haben wir uns dann doch mal ein paar Tontöpfchen im Bastelgeschäft geholt und einfach ein bisschen ausprobiert. Und plötzlich fanden wir das gar nicht so schlecht, die Ideen sind gesprudelt und wir sind dem Tontopffieber verfallen. Der Grundgedanke bei diesen Buch ist, das die kleinen Figuren ganz einfach zu basteln sind, das Material nicht zu teuer ist und natürlich soll man hinterher noch erkennen das alles aus kleinen Töpfen entstanden ist. Die Figuren sollten lieb aussehen und als Mitbringsel oder kleines Geschenk gedacht sein. Wir hoffen das Ihnen das Nachbasteln genauso viel Spaß macht wie uns das Vorbasteln.
Wir wünschen viel Erfolg und eine schöne Herbst und Weihnachtszeit.

Sandy & Ralfi

was braucht man alles zur Grundausstattung?

- Minitontöpfchen in verschiedenen Größen
- Tontopfuntersetzer ca. 6,5 cm
- Bastel- oder Acrylfarbe
- Flache Synthetikpinsel
- Holzkugeln und Perlen
- Halbperlen für die Augen oder Wackelaugen
- Wasserfester Fineliner Schwarz
- Buntstift Rosa
- Heißklebepistole (Niedrigtemperatur)

Spezielle Materialien werden bei den einzelnen Bildern extra aufgeführt.

Das Bemalen der Töpfchen:

Wir verwenden Acrylfarbe. Diese trocknet schnell und ist mit Wasser auswaschbar. Zum Bemalen eignet sich ein flacher Synthetikpinsel ca. 1cm breit. Lassen Sie die Farbe gut trocknen bevor die einzelnen Teile zusammengeklebt werden. Bei manchen Farbtönen ist es notwendig eine zweite Schicht aufzutragen um einen deckenden Anstrich zu erhalten.

Mit was klebe ich am besten?

Am besten hält Heißkleber. Wir benutzen allerdings eine Niedrigtemperaturpistole, diese wird nicht so heiß und man verbrennt sich nicht so leicht die Finger. Besonders bei den ganz kleinen Töpfen oder beim Augenaufkleben ist das von Vorteil.

Wie bekomme ich die lieben Gesichter hin?

Als Köpfe haben wir immer Holzkugeln genommen. Für die Nasen entsprechend kleine Holzperlen. Für die Augen eignen sich am besten schwarze Halbperlen. Sie können aber auch kleine Wackelaugen verwenden. Die Augen sollen nicht so weit auseinanderstehen und eng an die Nase gesetzt werden. Den Mund malen Sie mit einem wasserfesten Fineliner auf. Die Bäckchen haben wir mit einem Buntstift in Rosa aufgemalt und mit dem Finger ein bisschen verrieben. Am besten ist es, wenn Sie die Gesichter immer am Schluss malen. So können Sie den schönsten Ausdruck ins Gesicht zaubern.

Und noch was...

Sie können die Figuren natürlich auch vergrößern indem Sie einfach größerer Tontöpfe nehmen und dazu entsprechend auch die Holzkugeln aussuchen. Wenn die Figuren draußen stehen sollen, sprühen Sie einfach einen Klarlack darüber. Das macht die Farbe viel haltbarer.

Manche Materialien bekommen Sie vielleicht nicht so leicht, oder nicht genau das gleiche. Lassen Sie Sich in ihrem Bastelgeschäft beraten, Sie finden bestimmt etwas Ähnliches das genauso gut aussieht.

waldwichtel

Material einzelner Wichtel: Je 1 Tontopf 5.5cm & 4.5cm, Acrylfarbe Dunkelgrün, Holzkugel 4cm, Holzperlen Rot 8mm, Halbperlen 5mm, Pfeifenputzer Grün, 1 Stück Kariertes Band, Casurina (kleine Zapfen)

Als erstes bemalen Sie den Topf für den Körper grün. Danach Kopf aufkleben und Hut aufsetzen. Gesicht fertig stellen. Biegeplüschstücke 8 cm lang zuschneiden und in das Topfloch oben kleben. Drehen Sie den Pfeifenputzer spiralig und nach allen Seiten. An jedem Ende einen Zapfen aufsetzen. Seitlich als Arme etwas größere ankleben. Halsband umbinden.

Zusätzliches Material kleine Wichtel: 1 Tontopf 4.5cm, 3 Töpfe 3.5cm, 2 Holzkugeln 3cm, Moosblume 15cm, Holzscheibchen

Stellen Sie die 2 kleinen Wichtel wie oben beschrieben fertig und kleben die beiden mit viel Heißkleber auf die Moosblume. Der kleinere von Beiden macht einen Kopfstand!

Die Holzscheibchen versetzt aufkleben und auf die Blume Zapfen dekorieren.

Igelfamilie

Material: Je 1 Tontopf 7cm, 5.5cm, 2cm,
3 Töpfe 3,5cm,
je 1 Holzkugel 5cm, 4cm und 2.5cm, 2 Holzkugeln 1.2cm,
1 Holzperle 5mm, Halbperlen 5mm & 3mm,
Filz Haut & Braun

Schneiden Sie als erstes die Ohren aus dem Filz und kleben diese an die kleinen Töpfe oben. Danach die kleinen Töpfe an den Körpern befestigen. Kleben Sie die Nasen vorne an die Spitze des Topfes und setzen die Augen eng oben über die Nasen. Mund nicht vergessen! Aus dem Filz werden viele kleine Dreiecke ausgeschnitten. Die können ruhig unterschiedlich groß sein und nicht ganz gleichmäßig. Stecken Sie die Holzkugeln in die passenden Töpfe und kleben die Filzstücke in Reihen darauf.

Klitzekleine Kürbisse

Material: Je 1 Tontopf 4.5cm & 3.5cm,
Holzkugel 3cm,
Holzperle Orange 8mm,
Halbperlen 3mm,
Filz Hellgrün,
Pfeifenputzer Grün,
Acrylfarbe Orange & Sonnengelb

Für die Kürbisse verwenden Sie verschieden große Töpfe.

Bemalen Sie die Töpfe in Orange und wischen mit der gelben Farbe in das feuchte Orange grobe Striche ein. Aus dem Filz werden die Blätter geschnitten. Kleben Sie alles zusammen und fertigen dann das Gesicht. Fünf kleine Stücke Pfeifenputzer werden oben in das Loch geklebt und spiralig nach allen Richtungen gedreht. Genauso verfahren Sie mit den einfachen Kürbissen.

Fröhliche Geister

Material: Je 1 Tontopf 7cm, 5.5cm und 4cm,
Acrylfarbe Weiß, Filz Weiß, Tonkarton Schwarz,
Pfeifenputzer Weiß, Holzkugeln Orange 1.5cm,
Holzkugel 2cm & 8mm, Aludraht,
Aufhängeband Weiß, Klangstäbe 12cm,
Draht mit Klemme

Bemalen Sie alle Töpfe in Weiß. Aus Tonkarton die Augen und aus Filz die Arme ausschneiden. Mit der weißen Farbe setzen Sie noch Augenpunke auf den Tonkarton. Damit die Arme stabilisiert werden haben wir ein Stück Aludraht hinten um den Topf geklebt und den Filz daran befestigt. Beim Klangspiel stecken Sie den Pfeifenputzer oben durch das Loch und knoten die Fäden des Klangspiels innen daran. Mit Kleber fixieren. Oben verhindert die orangene Holzkugel, dass der Pfeifenputzer durchrutscht. Beim Notizhalter befestigen Sie oben auf den Topf eine Holzkugel und kleben die Klemme hinein.

Nadine

Hexennacht

Material Hexe: 1 Tontopf 5.5 cm, 3 Minitöpfchen 2cm, Tonuntersetzer 6.5cm, Holzkugel 4cm, Holzkugel 1cm, Halbperlen 5mm, Filz Schwarz, Acrylfarbe Schwarz & Weiß, Bast Schwarz, kleiner Besen, Silberner Pompon, Spinnweben

Malen Sie die Töpfe und den Untersetzer Schwarz an. Die Holzkugel auf den großen Topf setzen. Darauf ein paar Stücke Bast kleben und darüber den Untersetzer. Den Filz schneiden Sie nach Vorlage auf dem Bogen zu, kleben ihn seitlich zusammen und passen ihn auf den Untersetzter. Als Endstück den Pompon aufsetzen. Nachdem Sie der Hexe ein Gesicht verpasst haben können Sie mit einwenig angetrockneter Farbe ein paar „ Schmierer" auf die Backen und die Nase malen. Die kleinen Töpfe dienen der Hexe als Standbein. Jetzt noch den Besen ankleben und fertig ist die gefährlichste aller Hexen.

Material Fledermäuse: Tontopf 3.5cm, Schwarze & Rote Acrylfarbe, Tonkarton Schwarz & Weiß, Halbperlen 5mm, Pfeifenputzer Schwarz, halbe Holzkugel oder Moosgummikugel 2cm

Flügel nach Vorlage zurechtschneiden, Topf bemalen und auf die Flügel kleben. Halbe Kugel bemalen und vorne auf den Topf als Nase setzen. Zähne und Augen ankleben. Pfeifenputzer hinten an die Flügel als Aufhänger kleben.

Tannen-bäumchen

Material: Je 1 Tontopf 5.5cm & 4.5cm, 2 x 3.5cm,
Filz in 3 verschiedenen Grüntönen,
1 Holzkugel 3 und 2.5cm, 2 Holzperlen 5mm,
Halbperlen 3mm, Schneefarbe, Moos,
Pompons Weiß, Spanschachtel 12.5cm,
Acrylfarbe Weiß & Dunkelgrün,
Hologrammflimmer Silber

Alle Töpfe werden als erstes in Grün bemalt und die Filzstücke zugeschnitten. Nach dem Trocknen der Farbe können die Figuren zusammengesetzt werden. Die Gesichter werden erst beklebt und bemalt nachdem die Figuren fertig sind. Mit der Schneefarbe malen Sie grobe Pinselstriche auf Filz und Töpfe und bestreuen diese mit Flimmer

Die Schachtel wird weiß grundiert und mit Flimmer bestreut. Nachdem das getrocknet ist können Sie die Figuren mit viel Kleber aufsetzen. Die Schachtel wird noch mit Pompons und Moos dekoriert.

Edgar Elch

Material: 1 Tontopf 5.5cm, 1 Tontopf 4.5cm, 5 Minitöpfe 2cm, 2 Schaschlikstäbe, Filz Braun, Pfeifenputzer Weiß, Pompon Weiß, Halbperlen 6mm, Kariertes Band, 2 Aststücke, Halbe Holzkugel oder Moosgummikugel 2cm, Acrylfarbe Schwarz und Rot

Kleben Sie den Körper wie auf dem Bild zusammen.
Die Schaschlikstäbe auf ca. 9cm kürzen und innen in den großen Topf kleben. Für die Hufe verwenden Sie die kleinen Töpfe und malen diese schwarz an. Den Filz für die Ohren zurechtschneiden und oben am Kopf ankleben. Dahinter noch ein kleines Stück Pfeifenputzer. Halbe Kugel rot bemalen und als Nase befestigen. Augen ankleben und Mund aufmalen. Das Geweih zwischen die Ohren setzen.
Vergessen Sie nicht das Schwänzchen und die Schleife!

Hasen

Material: Tontopf 3.5cm, Holzperle Rosa 8mm, Pfeifenputzer Weiß, Filz Braun, Halbperlen 3mm, Silberdraht, Acrylfarbe Weiß

Eiszeit

Material: Tonuntersetzer 13cm,
Tontopf 5.5cm & 4.5cm,
4 Halbe Töpfe 3.5cm,
Acrylfarbe Schwarz, Weiß,
Orange & Blau,
Filz Orange, Halbperlen 4mm,
6 Holzperlen 8mm Orange,
Hologrammflimmer Blau,
Schneefarbe, Pompon Weiß

Bemalen Sie den Tonuntersetzer in Weiß und streichen nach dem Trocknen noch einmal Schneefarbe darüber. Den großen Topf und zwei halbe in Schwarz bemalen, Bauch und Augen in Weiß. Der kleine Topf dient als Mütze und wird blau mit weißem Schneerand bemalt.

Auf die feuchte Farbe können Sie ein wenig Hologrammflimmer streuen. Kleben Sie die ganzen Töpfe mit viel Heißkleber zusammen. Zum Schluss noch Schnabel und Augen aufkleben, Mütze mit Pommel versehen und in die Füße die 6 Holzperlen setzen.

Schneeflöckchen

Material für alle Drei:

Tontopf 4.5cm & 3.5cm und
Holzkugel 3cm & 1cm für Klangspiel

2 Tontöpfe 3.5cm, Holzkugel 1.5cm, 2.5cm und
5mm für mittleren Anhänger

1 Topf 3.5cm, Holzkugel 2.5 und
5mm für kleinen Anhänger

Schneefarbe, Pfeifenputzer Weiß, Filz Weiß,
Halbperlen 5, 4 und 3mm, Engelslocken,
Klangstäbe 12cm, Band zum Aufhängen,
Kleines Stück Tüll in Weiß

Die ganzen Töpfchen werden mit weißer Schneefarbe bemalt. Schneiden Sie die Sterne aus dem Filz nach Vorlage aus. Die Figürchen werden alle gleich gebastelt. Unten der Körper, darauf der Filzstern, Die Holzkugel als Kopf, die Locken und wieder der Tontopf als Mütze. Jetzt einen Knoten in das Aufhängeband machen und in die Topföffnung kleben. Darauf noch ein kleiner Pompon. Beim kleinen Anhänger wird statt dem Tontopf ein Stück Tüll aufgeklebt. Auf dem Vorlagebogen ist eine Beschreibung für das Klangspiel.

Den Pfeifenputzer formen Sie wie eine 8 und kleben ihn hinten an den Körper an. Beim mittleren Anhänger wird ein Stück Pfeifenputzer in der Mitte geknickt und als Beine mit Holzkugeln an den Enden in den Topf unten geklebt.

Schneemann

Material:

Je 1 Tontopf 4.5cm & 3.5cm,
Je 2 Holzperlen 1.2cm und 1.5cm
Holzkugel 3cm, Halbperlen 6mm & 3mm,
Kleine Karotte oder Orangenes Fimo,
1 kleines Stück Kariertes Band, 1 Besen,
Schneefarbe, Acrylfarbe Schwarz,
Pappschachtel 12x12cm, Pompon Silber,
Streuschnee

Der Deckel der Schachtel wird mit Schneefarbe bemalt, genauso der Körper, die Arme und der Kopf des Schneemanns. Hut und Knöpfe erhalten einen schwarzen Farbanstrich. Kleben Sie nun die einzelnen Teile zusammen. Danach das Gesicht und die Knöpfe aufkleben. Halsband umbinden.

Setzen Sie jetzt den Schneemann in die Mitte des Schachteldeckels und kleben ihn fest. Nochmal Schneefarbe auftragen und mit Schnee bestreuen. Den Besen und den Pompon nicht vergessen!

Sternchen

Material Sternchen: 1 Tontopf 4.5cm, 1 Tontopf 3.5cm, 4 Töpfchen 2cm, Holzkugel 3cm, 2 Holzkugeln 1.5cm, 1 Holzperle 8mm, Halbperlen 5mm, Filz Gelb, Sisalschnur, Zauberwatte Gelb, Hologrammflimmer Gelb, Granitfarbe Gelb, kleines Stück Band in Gelb für die Zöpfe, transparenter Kleber

Als erstes schneiden Sie hier die Filzsterne aus, tragen am Rand Kleber auf und streuen den Hologrammflimmer darüber.

Bemalen Sie die Tontöpfe mit der Granitfarbe. Die Farbe deckt nicht so besonders gut, deshalb müssen Sie 2 Schichten malen. Die Figur jetzt zusammenkleben. Oben zwischen Kopf und Hut die Zauberwatte kleben und Zöpfe drehen. Zwischen Kopf und Körper einen Filzstern kleben. Den kleineren Stern oben auf den Hut setzen. Zwei Stücke Sisalschnur ca. 7cm als Beine vorne in den Topf kleben.

Material Klangspiel: Je 1 Tontopf 5.5cm, 4.5cm, 3.5cm
Je 1 Holzkugel 2.5cm, 2cm, 1.2cm
Klangstäbe Gold 6cm, Filz Gelb, Granitfarbe Gelb, Hologrammflimmer Gelb, 1 m Gelbes Band, 1 Stück Pfeifenputzer, Glitzerfarbe Gold

Tontöpfe und Sterne bemalen wie oben beschrieben. Töpfe auf das Band aufziehen. Damit diese nicht verrutschen haben wir immer ein Stück Pfeifenputzer dazwischengewickelt. Genaue Zeichnung auf dem Bogen!

Es weihnachtet sehr...

Großer Weihnachtsmann: Je 1 Tontopf 7cm & 5.5cm, Untersetzer 6cm, 1 Holzkugel 5cm, 2 Holzkugeln 2cm, Filz Weiß, Pompons Weiß, Holzperle 1cm Orange, Halbperlen 6mm, Pfeifenputzer Weiß

Körper und Hut werden rot bemalt und die Ränder mit Schneefarbe betupft. Der Untersetzer wird ganz mit Schneefarbe eingestrichen.

Setzen Sie jetzt alles mit Heißkleber zusammen, kleben den Filzbart und den Pfeifenputzer für die Arme an und stecken die Hände auf die Enden.

Material Klangspiel: Je 1 Tontopf 4.5 und 3.5 cm, Holzkugel 3cm, Holzperle Rot 8mm, Halbperle 5mm, Filz Weiß, Pompons Weiß, Klangstäbe Rot 8cm, Aufhängebändchen, Pfeifenputzer, Acrylfarbe Rot, Schneefarbe

Setzen Sie den Weihnachtswichtel nach der Vorlage zusammen. Auf dem Vorlagebogen ist eine Skizze die beschreibt wie das Klangspiel eingearbeitet wird.

Material für kleine Anhänger: Tontopf 3.5cm, Acrylfarbe Rot, Schneefarbe, Pompon Weiß, Satinband Weiß

Schöne Weihnachten

Material Engel: 1 Tontopf 5.5cm, 1 Tontopf 3.5cm,
2 Töpfchen 2cm für die Arme
Holzkugel 3.5cm, 2 Holzkugeln 1.5cm,
Holzperle 0.5cm, Halbperlen 4mm,
Bastelfarbe Gold, Engelshaar Gold,
Streusternchen in 2 Größen, Weiße Federn

Bemalen Sie die Tontöpfchen in Gold. Die Holzkugel auf den größten Topf kleben. Das Feenhaar oben auf die Holzkugel kleben und seitlich 2 Zöpfe drehen. Darauf den mittleren Topf. 2 kleine Töpfe für die Arme, darin die Holzkugeln als Hände ankleben. Ein wenig Kleber auf den Rumpf und den Hut streichen, darüber die Sterne streuen. Das Gesicht malen und zum Schluss die Flügel hinten ankleben.

Zusätzliches Material Anhänger: Aludraht Gold oder goldenes Band zum Aufhängen

Topf bemalen und mit Sternen bestreuen. Aludraht über einen Stift drehen damit er spiralig wird. Durch die Öffnung oben im Topf stecken, knicken und innen im Topf festkleben.
Mit Federn verzieren.

Klangspiele für den Weihnachtsbaum

Material:

Tontopf 3.5cm,
Metallic-Farbe mit Struktur Brillant-Silber,
Klangstäbe 6cm in Silber,
Pompon Silber,
Schmales Band in Weiß

Der Gedanke bei diesem ganz einfachen Klangspiel war der, damit einen ganzen Weihnachtsbaum zu dekorieren. Mal was anderes statt der traditionellen Kugeln, das auch noch ganz leise klingt.

Bemalen Sie die Töpfe mit der Silberfarbe. Bei Bedarf auch zweimal. Die Klangstäbe haben Aufhängefäden, die oben durch das Loch gezogen und angeklebt werden. Legen Sie den weißen Faden zwischen Töpfchen und Pompon und kleben alles schön fest.

Noch eine Schleife in den Faden und der kleine Anhänger ist fertig.

Vielseidig Verlag

und mehr schöne Bücher vom
Vielseidig Verlag

Jede Menge Pilze
Buntes aus dem Herbstwald mit Window-Color oder Tontöpfen
ISBN 3-935467-63-X
Best.Nr. 6763X

Jubel, Trubel, Weihnachtszeit
Putzige Rentiere und winterliches Allerlei mit Window-Color
ISBN 3-935467-42-7
Best.Nr. 67427

Laubanger 19b 96052 Bamberg **Vielseidig Verlag** GmbH Tel. 0951/ 6 89 97 Fax. 0951/ 60 32 99